INAUGURATION
DES VERRIÈRES
DE
JEANNE D'ARC
LE 7 MAI 1897

ALLOCUTION
PRONONCÉE
DANS LA BASILIQUE DE SAINTE-CROIX
PAR
S. G. Mgr TOUCHET
ÉVÊQUE D'ORLÉANS

ORLÉANS
H. HERLUISON, LIBRAIRE-ÉDITEUR
17, RUE JEANNE-D'ARC, 17.

1897

LIBRAIRIE H. HERLUISON, RUE JEANNE-D'ARC, ORLÉANS

DISCOURS DE S. G. Mgr TOUCHET
ÉVÊQUE D'ORLÉANS

Panégyrique de Jeanne d'Arc, prononcé dans la métropole de Besançon, le 8 mai 1894, in-8º. . . . . 1 fr.

Service funèbre pour le Président Carnot. Allocution prononcée dans la basilique de Sainte-Croix d'Orléans, le 24 juillet 1894, in-8º. . . . 50 c.

Lettre-circulaire à l'occasion de la mort de S. M. Alexandre III, 1894, in-8º. . . . . 50 c.

Allocution prononcée dans l'église de Fleury, à l'occasion du XXIVe anniversaire du combat d'Orléans, le 11 octobre 1894, in-8º. . . . . . . 50 c.

Discours prononcé le 10 novembre 1895, devant le monument élevé en l'honneur des soldats tombés à la bataille de Coulmiers en 1870, in-8. 1 fr.

Oraison funèbre de Mgr Auguste-Léopold Laroche, évêque de Nantes, prononcée dans l'église cathédrale Saint-Pierre de Nantes, le 4 février 1896, in-8º. . . . . 1 fr.

La Mission de la Vénérable Jeanne d'Arc. Panégyrique prononcé dans la Cathédrale d'Orléans le 8 mai 1896, pour le 467e anniversaire de la délivrance d'Orléans, in-8º. . . . . 1 fr.

Sainte Geneviève, sainte Clotilde, Jeanne d'Arc et la France. Discours prononcé dans la basilique de Saint-Remi de Reims, le mardi 6 octobre 1896, à l'occasion du XIVe centenaire du Baptême de Clovis, in-8º. . . . 1 fr.

Le Roi Louis XI. Allocution prononcée dans la basilique de Cléry, le dimanche 25 octobre 1896, pour la restauration du mausolée de Louis XI, in-8º. . . . . 1 fr.

Oraison funèbre de Mgr Maurice Le Sage d'Hauteroche d'Hulst, prélat de la maison du Pape, vicaire général de Paris, recteur de l'Institut catholique, député du Finistère, prononcée dans l'église de Saint-Sulpice de Paris, le mardi 24 novembre 1896, in-8º. . . . . 1 fr.

La Croix-Rouge. Allocution prononcée dans l'église de la Madeleine de Paris, le mercredi 5 mai 1897, en souvenir des Soldats Français morts au service du Pays et des victimes de la rue Jean-Goujon, in-8º. . . . . 1 fr.

Allocution prononcée dans la basilique de Sainte-Croix, le vendredi 7 mai 1897, à l'occasion de l'inauguration des Verrières de Jeanne d'Arc, in-8º. . . 1 fr.

ORLÉANS. — IMPRIMERIE PAUL PIGELET.

INAUGURATION

DES

VERRIÈRES DE JEANNE D'ARC

CATHÉDRALE D'ORLÉANS
D'après la gravure de Moreau.
(XVIII° SIÈCLE).

INAUGURATION

DES

VERRIÈRES DE JEANNE D'ARC

LE 7 MAI 1897

ALLOCUTION

PRONONCÉE

DANS LA BASILIQUE DE SAINTE-CROIX

PAR

S. G. Mgr TOUCHET

ÉVÊQUE D'ORLÉANS

ORLÉANS

H. HERLUISON, LIBRAIRE-ÉDITEUR

17, RUE JEANNE-D'ARC, 17

1897

Excellence (1),
Messeigneurs (2),
Messieurs,

Notre-Seigneur Jésus-Christ disait un jour dans sa douce et profonde langue d'Evangile : « On est plus heureux de donner que de recevoir ».

A ce que le Maître affirma le disciple ne contredira point.

Cependant, sans comparer la joie « du donner » avec celle du « recevoir », j'éprouve en ce moment que la seconde est encore très douce : je l'éprouve même si profondément qu'il me semble indispensable de dire à tous le plus cordial merci.

Merci d'abord à vous, Excellence, pour l'honneur de votre visite. Lorsque vous fûtes député près du Président de la République française en cette haute qualité de Nonce Apostolique, il vous plut de prendre congé de votre cher troupeau de Viterbe, par une lettre, dans laquelle, comparant l'héroïne de votre ville épiscopale, sainte Rose, à celle de la mienne, Jeanne d'Arc, vous déclariez éloquemment ne connaître dans notre histoire aucune figure plus idéalement belle que celle de la

---

(1) Son Exc. Mgr Clari, archevêque de Viterbe, Nonce Apostolique.
(2) NN. SS. les Évêques de Blois, de Monaco, de Verdun, de Clermont, de Séez, de Nice, d'Évreux.

Pucelle d'Orléans. Ce jour là, Excellence, vous avez pris non seulement le chemin de nos frontières, mais, ce qui est plus difficile, vous avez trouvé le chemin de nos cœurs.

Vous voudrez bien dire à celui que vous appelez votre auguste maître et que nous appelons nous, notre grand Pontife, qu'ici, prêtres, évêque, fidèles, ont une admiration sincère pour le génie de Léon XIII et qu'ils demandent au Dieu de la mort et de la vie de garder longtemps cette existence qu'ils estiment précieuse à l'Eglise, à la France, à tout le siècle qui s'en va.

Merci à vous, Messeigneurs. Vous venez faire acte de dévotion à notre Vénérable. Elle fut toujours reconnaissante ; j'ai donc la confiance qu'elle bénira votre épiscopat, pour les uns encore tout jeune et si plein de promesses, pour les autres déjà ancien et très riche de fruits.

Merci à vous, Messieurs de l'armée, de l'administration civile, de la magistrature, des corps élus. Voulant les uns comme les autres soit le bien général, soit le bien de la cité, entre nous l'entente est habituellement prompte et toujours désirée. En tout cas il est un culte sur lequel nul ne pourra nous désunir jamais, c'est le culte de Jeanne, car en chacun de nous il est fait du plus pur de notre cœur et du plus fervent de notre patriotisme.

Merci à vous, Mesdames et Messieurs, qui n'avez pas refusé de prêter à mon cher maître de chapelle le concours de votre talent. Plusieurs théologiens ont écrit que la musique sera un des bonheurs du paradis. Qui ne serait porté à le croire en vous écoutant interpréter avec cet éclat et cette autorité l'œuvre de notre admirable Gounod ?

Merci à vous, Messieurs du jury de concours (1), vous nous avez assisté de votre temps et de votre expérience dans la préparation de ces verrières qui embellissent notre Cathédrale autant qu'elles honorent l'artiste qui les conçut et celui qui les exécuta (2).

Merci lointain — trop lointain, à mon gré — au cardinal Coullié. Je suis certain qu'il regrette de n'être pas près de nous

---

(1) M. l'architecte Danjoy, M. Didron, M. Bonnat, M. Herluison, M. le vicaire général Desnoyers, M. le chanoine Cochard, M. L. Dumuys, M. Bouguereau, M. Puvis de Chavannes, M. P. Dubois, M. de Baudot, M. Vaudremer, M. Corroyer, M. Paul Bœswilwad, M. Huau.

(2) MM. Gibelin et J. Galland.

à cette heure, comme nous regrettons nous-mêmes d'être séparés de lui.

Merci à vous tous, mes frères, qui avez versé obole ou pièce d'or à la souscription de 1877. Voyez, cela s'est transformé en rubis, en émeraudes, en topazes, en aciers, en velours, en rayons de soleil, en architecture, en flammes, en ciel bleu, en scènes charmantes, épiques, douloureuses, triomphales, en un poème de cristal; d'un mot, en quelque chose de digne de vous et de digne de Jeanne. Merci.

Merci enfin et surtout à Monseigneur Dupanloup et à la France.

Le grand évêque et le grand pays, voilà bien en effet les deux collaborateurs principaux de l'entreprise.

Vous savez comment la chose advint.

On était en 1878.

Il y avait un siècle juste que le « hideux sourire » dont parle Musset s'était éteint aux lèvres de Voltaire, un siècle juste qu'il était mort.

Certaines gens avaient résolu de fêter pompeusement cet anniversaire.

Il leur paraissait bon de faire une apothéose énorme au poète de la froide *Henriade*; au tragique certainement inférieur à Corneille et Racine dont les anniversaires font moindre bruit; à l'exégète, à l'historien qui, en dépit de son esprit, de sa verve, et de l'excellence de sa langue, ne surpasse ni la critique, ni la science d'un temps qui n'en avait que peu; à l'insulteur de Jésus-Christ; à l'adulateur éhonté de Frédéric de Prusse; à l'auteur exécrable de la *Pucelle*. Oui à celui qui traitait ordinairement ses compatriotes de « Welches imbéciles », à celui qui avait écrit au grand Allemand d'alors : « Votre portrait seul fera trembler tous nos Welches, et c'est ce que je veux », à celui auquel Frédéric, par une réciprocité légitime, avait délivré ce certificat concis : « Vous êtes, vous, un très bon Prussien », à celui qui avait tenté de salir la sainte Libératrice parce qu'elle est la plus haute incarnation du patriotisme religieux; à cet homme, dis-je, notre démocratie turbulente, si on veut, fantasque, si on veut, facile à décevoir, si on veut, mais loyale et bien française sûrement, irait offrir en une longue et pieuse procession des couronnes de lauriers et des corbeilles de roses !

Voilà à quoi on la conviait !

Et cela... un trentième de mai, car par un arrangement ironique de l'Histoire, l'anniversaire du martyre de Jeanne et celui de la mort de Voltaire coïncident !

Et cela... quand des plaines rouges encore du Rhin, de la Saône, du Doubs, de la Seine, de la Loire, s'élevait la clameur des héros vaincus de 1870-1871 !

Et cela... en face de l'Alsace-Lorraine qui hurlait de la douleur récente d'avoir été arrachée par le fer au sein de la mère Patrie et jetée non pas dans les bras, mais sous le talon de l'Allemagne !

A la nouvelle de cette tentative de lèse-patrie, Monseigneur Dupanloup pleura. Puis il sentit se lever en lui-même une de ces colères superbes que connaissent seules les grandes âmes intrépides.

Il écrivit dix lettres. De ces dix lettres, que je n'ai jamais relues depuis, il me souvient cependant : elles m'ont donné une des belles émotions de ma jeunesse sacerdotale.

Elles en finirent d'un coup, ou à peu près, avec le centenaire.

Tout autre se fût probablement contenté de ce succcès ; lui, n'était pas content.

Il lui paraissait qu'une insulte avait osé se lever jusqu'à Jeanne d'Arc : Jeanne d'Arc son héroïne, Jeanne d'Arc sa sainte, Jeanne d'Arc dont il s'était fait le chevalier. Oui, le chevalier... Ah ! que vous avez donc bien fait de le coucher là, sous l'étendard flottant de la Pucelle ! C'était le seul ombrage qui convînt à cette tombe lumineuse.

De l'insulte il voulait une réparation. Elle était nécessaire : il l'obtiendrait.

Mais sous quelle forme ? Élèvera-t-il quelque monument dans sa cathédrale ? Y placera-t-il des verrières qui raconteront la vie de Jeanne ?

C'est cela : il y placera des verrières.

Il constituera un comité des petites sœurs de Jeanne d'Arc (1) ;

---

(1) La présidente fut Mlle d'Orsanne, aujourd'hui Mme la baronne de Larnage.

(beaucoup d'entre vous, Mesdames, aujourd'hui mères de famille, firent partie de cette Association qui fut charmante comme la vie en son aube et active comme une force qu'aucune désillusion n'a encore brisée) ; il établira une commission d'exécution (2) et une commission de finances (3) ; il ouvrira un concours entre les peintres verriers ; il s'adressera aux rois, aux présidents de République, aux princes du sang, aux ouvriers, aux évêques, — le premier qui souscrivit, ce fut vous, Monseigneur de Blois, — il s'adressera à ses amis, à ses diocésains, d'inépuisable charité, il leur demandera cent mille francs ; il parlera à tous cette langue enflammée à laquelle rien ne résiste, pas même ce qu'il y a de plus irréductible : la bourse !...

Et il réussit. Vous savez qu'il réussit : les verrières sont en place : elles sont à vous : grâce à lui, comme eût dit Jeanne elle-même, grâce à lui, « tout est vôtre !»

Oh! la belle leçon qu'elles diront et bien digne de ce grand cœur !...

On raconte, Messieurs, que les femmes grecques contemporaines de Periclès conduisaient parfois leurs fils au Pentélique afin de les pénétrer des grandeurs de leur incomparable patrie.

Les pèlerins gravissaient silencieux et recueillis la montagne aux croupes doucement arrondies. Quand ils étaient arrivés au sommet, la mère montrait d'un geste, à l'enfant, la plaine qui s'étendait à leurs pieds : Mon fils, disait-elle, voici Marathon. Là combattirent Miltiade et les héros dont vous descendez. Voyez maintenant du côté où le soleil se lève : Cette masse sombre c'est l'Œta, et tout près, le pas fameux des Thermopyles qui but le sang glorieux de Léonidas et des trois cents Spartiates. Tournez-vous un peu à l'ouest : cette nappe d'azur mobile, c'est la mer sonore et sans repos qui bat les côtes de notre Attique ;

(2) Les membres de la commission d'exécution étaient : MM. Desnoyers, Rabotin, Bougaud, Tranchau, Laroche, Hautin, de la Taille, Agnès, Séjourné, Despierre.
MM. Bimbenet (Daniel), Collin (Alexandre), Chouppe, Danton, L. Dumuys, Dusserre, Herluison, Huau-Mareucyz, L. Jarry, E. Marcille, Alexandre de Morogues, Pelletier, l'amiral Ribourt, de la Rocheterie.
(3) Les membres de la commission des finances furent : MM. Collin, E. Séjourné, Jarry.

et le promontoire qui la pénètre, blanc comme une lame d'argent, c'est Salamine. Là Thémistocle et ses marins détruisirent l'innombrable flotte de Xerxès — un barbare, mon fils, qui s'enfuit après sa défaite et qu'on n'a pas revu !

Mon fils : vous êtes d'une noble race : et la Grèce est un noble pays : souvenez-vous !

Et la mère avec son fils regagnaient Athènes en suivant les bords de l'Ilissus ou du Céphise ombragés de roseaux.

Moi je voudrais que toutes les mères de France pussent venir, avec leurs fils, visiter ce sanctuaire afin d'interpréter à leurs chers petits le verbe de nos verrières. Car elles ont un verbe : chaque tableau parle ; et c'est là ma joie. Que m'importeraient-elles si elles ne parlaient pas ?

Oh ! je les aime ces verrières pour leur coloris ; je les aime pour leur ferme dessin ; je les aime pour leur reconstitution de costumes, d'ameublement, de personnages, qui nous reporte au temps dont elles traitent ; mais, je ne le cache pas, je les aime surtout pour leur verbe.

Je voudrais donc que les mères vinssent ici, et voici ce qu'elles pourraient dire à leurs enfants :

Mon enfant, en ces temps-là, il n'y avait plus de France.

Tu entends, plus de France !... plus de France !...

Plus de villes de France ! Sur les murailles de Paris, de Rouen, de Bordeaux, flottait la bannière de Bedfort, un étranger !

Plus de bourgeoisie de France ! Là, elle criait : vive l'Anglais ! là, vive le Bourguignon ! là, vive l'Armagnac ! Nulle part elle ne criait : vive le Français !

Plus d'armée de France ! elle était couchée dans les cimetières de Crécy, de Poitiers, d'Azincourt.

Plus de peuple de France, plus de magistrature de France, plus de Roi de France ; plus rien, il ne restait plus rien...

Je dis mal, mon enfant, il restait encore ici-bas Orléans et là-haut Dieu ! Orléans, qui prétendait demeurer Français quand plus rien n'était Français ; Dieu qui voulait sauver la France quand la France avait désespéré de son salut !

Dieu, en effet, envoya son ange Michel avec sainte Catherine et sainte Marguerite vers une enfant de treize ans, qui était bergerette à Domremy, en Lorraine. Et pendant quatre années les messagers célestes lui firent son éducation morale, politique, guerrière (1) : et au bout de quatre années elle partit, quittant son père, sa mère, ses frères, ses amies, et elle se rendit près de Baudricourt, de Vaucouleurs, pour lui annoncer qu'elle seule sauverait le Pays. Oui, elle, elle seule.

Et Baudricourt la prit pour une folle.

Or, à cette date même, le comte de Clermont se fit battre près d'Orléans en un village qui se nomme Rouvray : et Jeanne fut avertie par ses voix de l'événement au moment même où il se passait et elle l'annonça à Baudricourt. Et quand Baudricourt eut constaté la réalité de la tragique aventure, étonné de cette lucidité surnaturelle, il laissa partir l'enfant (2).

Et à travers mille dangers elle parvint jusqu'à Charles VII, et les courtisans, comme Baudricourt, la traitèrent de folle.

Mais l'esprit de Dieu était toujours sur elle : elle reconnut le Dauphin tout déguisé qu'il fût sans l'avoir jamais vu, elle lui révéla le secret de certaines prières et de certaines larmes que lui seul connaissait : et le Dauphin crut comme Baudricourt avait cru (3).

Alors elle partit pour Orléans. Mon enfant, je te l'ai dit, il n'y avait plus de Roi de France, plus d'armée de France, plus de bourgeoisie de France, plus de peuple de France. Or, à la voix de Jeanne, tout cela ressuscita. Thaumaturge admirable, elle ranima plus que Lazare, plus que le fils de la veuve, plus que la fille de Jaïre, elle ranima la France !

On la vit donc entrer dans Orléans (4), vêtue de blanc, comme un ange. Parmi les premières tiédeurs d'une nuit embaumée de mai, elle se rendit à la cathédrale : dans cette cathédrale, où tu es, mon enfant : elle y pria.

Ah ! si nous pouvions retrouver la pierre où elle s'agenouilla, avec quelle ardeur nous la couvririons de nos baisers ! Enfin, au moins, nous savons cela : ici, ici, elle a prié !.. elle a prié pour son père, pour sa mère, — pour sa chère mère, que le ciel lui avait imposé de quitter ; pour son roi qu'elle aima mieux que son père et sa mère ; pour son pays qu'elle aima mieux que son roi !

(1) Première verrière,
(2) Deuxième verrière.
(3) Troisième verrière.
(4) Quatrième verrière.

Huit jours plus tard, c'était fait. Orléans était délivré, les Tourelles brûlées (1), Salisbury tué, Talbot en fuite. Demain ce sera Jargeau et Beaugency, après-demain Patay ; à quand l'expulsion totale de l'étranger ? A quand l'Anglais bouté tout à fait hors de France ?

Oh le beau *Te Deum* qui fut chanté à Sainte-Croix (2) ! oh les beaux enthousiasmes d'un peuple qui se reprenait à vivre ! oh les belles fêtes du Sacre à Reims ! Quelles clameurs de trompettes sous les voûtes de la cathédrale ! quel rayonnement autour de la sainte ampoule ! quelles acclamations autour de la Pucelle ! Quels étincellements sur son drapeau qui fut à l'honneur parce qu'il avait été à la peine (3) !

Mais, mon enfant, sache et comprends : Il n'est point ici-bas de haute mission sans profonde douleur.

La pauvre fille fut trahie, prise par Jean de Luxembourg (4), vendue aux Anglais une rançon de roi, traînée de prison en prison jusqu'à Rouen (5), jugée par un Évêque à demi hérétique et complètement traître à son pays : et, finalement, elle fut condamnée au feu (6).

Elle n'est plus : ses cendres, son cœur, — ce cœur qui ne put être consumé ! — ont été jetés à la Seine et par la Seine se sont perdus dans le vaste océan : mais son esprit subsiste parmi nous ; sa mémoire est impérissable ; sa bénédiction nous garde.

Ecoute-moi, mon enfant. La France pourra connaître la défaite, elle pourra être poussée jusqu'au bord de l'abîme qui dévore les peuples, elle pourra avoir encore quelque Ramillies ou quelque Waterloo ou quelque Sedan : cependant, à qui prophétiserait la fin de ses destinées, réponds hardiment : La France connut les pires heures, et quand il le fallut, elle fut sauvée par une petite fille. Qu'on n'espère pas voir la France au tombeau : la France est immortelle.

Ecoute-moi, mon enfant. La France pourra être divisée d'opinion, d'aspiration, d'idées, mais si jamais ce malheur se

---

(1) Cinquième verrière.
(2) Sixième verrière.
(3) Septième verrière.
(4) Huitième verrière.
(5) Neuvième verrière.
(6) Dixième verrière.

produisait en face de l'ennemi, on lui rappellerait Jeanne d'Arc, et unes redeviendraient ses pensées, uns ses désirs, un son effort : il ne resterait qu'un seul peuple debout pour la défense d'un seul drapeau.

Ecoute-moi toujours : La France pourra faire l'incroyante, même la fanfaronne d'athéisme ; en des heures de folie, elle pourra porter sur quelque autel « le marbre d'une chair souillée » et crier à la volupté : « tu es mon dernier Dieu ! », elle pourra affirmer qu'elle a rompu à jamais avec Jésus-Christ.

Va, ces colères contre nature ne dureront pas. Lorsqu'on lui contera l'histoire de Jeanne, elle se rattachera à ses vieilles croyances et à ses séculaires adorations. Dans le bruit des voix qui entretinrent l'enfant, dans la certitude indiscutable de ses révélations, dans l'éclair de ses formidables coups d'épée, à travers la flamme du bûcher de Rouen, elle distinguera Dieu ; Jeanne lui apparaîtra, ce qu'elle fut, un outil : Dieu, ce qu'il fut, l'ouvrier des événements ; et devant cet Ouvrier, la France tombera dans la seule posture qui convienne aux humbles, aux grands, aux rois, aux peuples : elle tombera à deux genoux.

Mon enfant, mon cher enfant, crois à ta mère, crois à la France, crois à Dieu !

Ainsi devrait parler une mère chrétienne et française, parce que telle est la langue de l'histoire et telle la langue de nos verrières, et si elles parlaient ainsi, je suis sûr que le cœur du vieil évêque qui dort ici, tout froid qu'il soit, tressaillerait !

Et maintenant, reprenez *Rédemption* que j'ai trop longuement interrompu.

Dites-nous comment Jésus monta de la Croix où il fut cloué par les Juifs à l'autel où l'humanité l'adore.

Nous pensions à Jeanne quand vous chantiez ses douleurs, nous penserons de même à elle tandis que vous chanterez son triomphe.

Nous rêverons, pendant votre hymne final, au jour où l'Église placera sur le front de la libératrice inspirée et martyre la couronne des saints.

Ah ! puisse-t-il se lever bientôt !

Dites, Excellence, dites, je vous en supplie, au Souverain Pontife, qu'en ce jour la France entière exultera dans l'allégresse de sa foi rajeunie. Elle brisera les bandelettes de son incrédulité plus apparente que réelle. Mais une ville surtout se réjouira. C'est nous, cité de la délivrance, cité du miracle.

Pour appartenir à l'Univers catholique, Jeanne ne cessera pas d'être nôtre, et ces deux noms que l'histoire ne sépare pas depuis des siècles continueront de s'avancer d'âge en âge, toujours étroitement liés dans la gloire parce qu'ils furent étroitement liés dans l'héroïsme, le nom de la Pucelle et celui d'Orléans !

www.ingramcontent.com/pod-product-compliance
Lightning Source LLC
Chambersburg PA
CBHW061621040426
42450CB00010B/2603